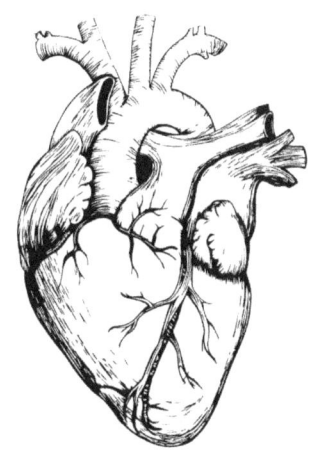

ESPERANZA EN EL
SUFRIMIENTO

DANIEL J. LOBO
JULIAN CASTAÑO

ESPERANZA EN EL
SUFRIMIENTO

DANIEL J. LOBO
JULIAN CASTAÑO

cántaro
publications

UNA IMPRENTA EDITORIAL DEL CÁNTARO INSTITUTE

cantaroinstitute.org

Esperanza en el sufrimiento

Published by Cántaro Publications, a publishing imprint of the Cántaro Institute,
Jordan Station, Ontario, Canada

For volume pricing, please contact
info@cantaroinstitute.org

Library & Archives Canada
ISBN: 978-1-990771-06-4

Printed in the United States of America

TABLA DE CONTENIDO

*"Y sabemos que para los que aman
a Dios, todas las cosas cooperan para
bien, esto es, para los que son llamados
conforme a su propósito."*

– Romanos 8:28

PARTE UNO

CAPÍTULO

1

INTRODUCCIÓN

ES CIERTO QUE estamos atravesando una de las situaciones más difíciles en la historia reciente con la pandemia. Un tiempo de sufrimiento, pruebas y dificultades que ha puesto a prueba nuestra fe. No solo enfrentamos enfermedad y la muerte de seres queridos, sino también hogares destruidos por violencia y abusos, drogas y adicciones crecientes, un sentimiento abrumador de soledad y gran incertidumbre acerca del futuro. En medio de este contexto de sufrimiento, es importante recordar los fundamentos de nuestra fe. Solo la Palabra de Dios y su verdad podrá sostenernos en un tiempo tan oscuro.

No somos los primeros ni los únicos que hemos sufrido a causa de una enfermedad. A lo largo de la historia se han dado muchas pandemias, y miles de personas han atravesado situaciones similares a las nuestras, quizá a una escala menor. No obstante, debemos recordar que esto sucede porque vivimos en un mundo caído.

Con el pecado de la raza humana, se dañó nuestra relación con Dios, produciendo muerte espiritual a causa del pecado, todo tipo de idolatrías, sentimientos profundos de insatisfacción y una incertidumbre generalizada. Con nuestra relación con Dios dañada, nuestras relaciones con los demás seres humanos también cayeron, de modo que no sabemos amar a nuestro prójimo y vemos el quebranto de las relaciones humanas manifestado en violencia, traición, rechazo, divorcios y asesinatos. Con la caída, la creación entera quedó sujeta a maldición también, y en lugar de su «amistad» y productividad, el mundo creado es enemigo del hombre, produciendo cardos y espinos junto con un fruto que algunas veces abunda y otras escasea. Ahora hay enfermedades, bacterias y virus que atentan contra nuestra vida. Finalmente, en medio de este contexto lúgubre, el hombre ha perdido su propia identidad. Habiendo sido creado para la gloria de Dios, vive ahora entregado a todo tipo de dioses formados por sus propias manos, cambiando la verdad de Dios por la mentira y postrándose ante la creación en lugar del Creador que es bendito por los siglos. Vive como un pez fuera del agua, que intenta sobrevivir en contra de su propia naturaleza, en un ambiente para el cual no fue creado.

PARTE UNO

CAPÍTULO

2

EL PROPÓSITO

CUANDO LA EXPERIENCIA del mundo caído se torna tan clara y palpable, es vital que los cristianos recordemos lo que ya sabemos que es verdad. Pablo nos recuerda en Romanos que «para los que aman a Dios, todas las cosas cooperan para bien, esto es, para los que son llamados conforme a su propósito». Dios tiene un propósito para todos los que le aman, para todos los suyos. Este propósito, aunque es bueno más allá de toda duda, no es siempre evidentemente bueno. Una razón por la que no siempre logramos identificar los buenos propósitos de Dios es porque tenemos la tendencia a juzgar lo que sucede colocándonos a nosotros en el centro. Si esto o aquello no produce en mí felicidad o tranquilidad o comodidad, entonces no puede ser bueno. Sin embargo, el Catecismo Infantil, en la tercera pregunta, lo ordena todo y lo pone todo en perspectiva. «¿Para qué te hizo Dios a ti y a todas las cosas?» Respuesta: «Para *su* gloria». Todas las cosas fueron y son hechas para la gloria de Dios, incluyendo a cada uno de nosotros. De hecho, siguiendo otro catecismo, sabemos que el fin principal del hombre es glorificar a Dios. De modo que el centro de todo

no es el individuo que sufre, sino Dios, e incluso ese sufrimiento que Dios ha ordenado de alguna manera le rendirá gloria, y si le rinde gloria a Él, entonces es bueno.

Ahora bien, esto no significa que nosotros quedamos anulados y abandonados en nuestro sufrimiento. El mismo Dios que nos escogió de antemano, también «nos predestinó para ser hechos conforme a la imagen de su Hijo, para que Él sea el primogénito entre muchos hermanos». Así que este sufrimiento que hoy atravesamos no solo glorifica a Dios, sino que crea en nosotros el carácter de Cristo, es decir, nos santifica. Solo al comprender esta maravillosa verdad, cobra sentido el llamado de Santiago a «[tener] por sumo gozo... el que [nos hallemos] en diversas pruebas, sabiendo que la prueba de [nuestra] fe produce paciencia, y que la paciencia [tendrá] su perfecto resultado, para que [seamos] perfectos y completos, sin que [nos] falte nada». Esta es una promesa que nos da gran seguridad y nos consuela profundamente.

PARTE UNO

CAPÍTULO

3

EL CONSUELO

ES POSIBLE QUE por mucho tiempo hayamos intentado encontrar nuestro consuelo en las cosas perecederas de este mundo. La pandemia y todas sus consecuencias han venido a sacudir muchos de los fundamentos arenosos y dioses falsos que hemos levantado en el centro de nuestra vida. Quizá nuestra seguridad estaba en las posesiones terrenales que hemos perdido, en una posición laboral de la que hemos sido despedidos, en un negocio que ha caído ante la crisis económica, en dinero, en poder. Quizá hemos puesto nuestra seguridad en nuestra salud, en un cuerpo antes saludable que hoy sufre las secuelas de la enfermedad o del aislamiento social. Quizá los placeres de este mundo, la diversión, los viajes, las circunstancias felices que antes nos definían, han cesado casi por completo o han perdido su encanto. Quizá nuestra seguridad estaba en las relaciones que hoy sufren tensión o se han roto por completo a causa de prolongadas cuarentenas o el distanciamiento. Lo cierto es que en estas y muchas otras cosas, el Señor nos ha mostrado que no debemos poner nuestro consuelo en el mundo pasajero. Debemos volver nuestra mirada hacia el único consuelo eterno.

Nuestra seguridad, identidad y esperanza descansan en el hecho inconmovible de que le pertenecemos a Dios. Él nos amó desde antes de que existiéramos, desde antes de la fundación del mundo, y nos predestinó para ser como su Hijo. Piénsalo. Esto significa que su propósito glorioso para tu vida comenzó mucho antes de que tú existieras, y por lo tanto, ese propósito glorioso no depende ni de ti ni de las circunstancias que te rodean. En Romanos, Dios nos asegura por medio de Pablo cómo terminará nuestra historia. «A los que predestinó, a éstos también llamó; y a los que llamó, a éstos también justificó; y a los que justificó, a éstos también glorificó». Aunque esa glorificación de la que habla Pablo no se ha completado aún, sabemos que ocurrirá. No sabemos cuándo, pero lo cierto es que una vez que seamos glorificados, esa condición durará por toda la eternidad. Este breve tiempo de prueba y sufrimiento no es más que un pequeño paréntesis a la luz de la eternidad que nos aguarda con nuestro Salvador en gloria.

Es un paréntesis pequeño, pero no es insignificante. Y es un paréntesis que atravesamos con Dios de nuestro lado: «Si Él está por nosotros, ¿quién estará contra nosotros?». Podemos saber, entonces, que no hay circunstancia, no hay persona ni espíritu, que pueda dañarnos porque Dios está en control total. Ese mismo Dios «que no escatimó a su propio Hijo, sino que lo entregó por todos nosotros, ¿cómo no nos concederá también con Él todas las cosas?». ¿Habrá algo que Dios no esté dispuesto a hacer por sus hijos? Ya entregó a su propio Hijo por nosotros. Ahora bien, esto no significa que Él hará todo lo que queramos ni lo que nosotros consideremos mejor, pero sí significa que hará todo lo que tenga que hacer para cumplir su propósito en nosotros.

Lo cierto es que no hay mayor gozo ni mayor fuente de consuelo que saber que le pertenecemos a Dios, que Él nos ha justificado, que no veremos condenación, que Jesucristo, el que murió por nosotros, también resucitó y está sentado a la diestra de Dios, intercediendo por nosotros hasta que seamos reuni-

dos con Él. De modo que nuestro propio pecado no nos puede separar ni condenar, porque Cristo ya pagó el precio de nuestra deuda. A la luz de esto, el sufrimiento que enfrentamos no es un castigo de Dios el Juez por nuestro pecado, aunque en ocasiones puede ser la disciplina de Dios nuestro Padre que nos ama. Está demostrado, desde la eternidad y hasta la eternidad, que Dios no ha actuado ni actuará nunca en contra de sus Hijos. Todo lo que ha hecho ha sido a nuestro favor. Dios es por nosotros, ¿quién contra nosotros? «¿Quién nos separará del amor de Cristo? ¿Tribulación, o angustia, o persecución, o hambre, o desnudez, o peligro, o espada?» No hay circunstancia que pueda separarnos del amor de Cristo. Sufrimiento siempre habrá de este lado del cielo. Muchas veces, el solo hecho de vivir para Cristo nos hace enemigos del mundo, y eso nos acarrea persecución, angustia, peligro y espada, como ovejas dispuestas para el matadero. «Pero en todas estas cosas somos más que vencedores por medio de aquel que nos amó». Incluso en las circunstancias más difíciles, Cristo nos dará la victoria.

No habrá nada que pueda vencernos, pues Cristo ha prometido sacarnos adelante, dándonos fuerza y ánimo por medio de su Espíritu. Él nos ama y nos va a cuidar. Podemos estar seguros de esto. Él ha prometido proveer para cualquier necesidad material que tengamos. Él ha prometido darnos descanso. Él ha prometido poner paz en nuestros corazones, una paz que sobrepasa todo entendimiento, que supera toda lógica. Él ha prometido consolarnos en medio de la prueba. Él ha prometido librarnos de la persecución, ya sea haciendo que este cese o llevándonos con Él. Él ha prometido que estaremos en su presencia si hemos de enfrentar la muerte. Él ha prometido capacitarnos para vencer el mundo y el pecado. Él ha prometido actuar poderosamente a favor de su Iglesia. Él ha prometido estar con nosotros todos los días, de modo que no debemos temer. Incluso en la vejez, en la enfermedad y en la muerte, Él nos sostendrá.

Así que podemos estar seguros, junto con Pablo, de que morir y dejar este mundo no nos podrá separar de su amor. Ni la vida, ni sus placeres, ni su sufrimiento, ni las personas, ni las cosas nos podrán separar. Ninguna criatura celestial o espiritual, ningún ser visible ni invisible nos podrá separar.

Ningún evento presente ni futuro, nada que haya existido, exista o llegue a existir nos podrá separar. Nada en las profundidades de la tierra y el mar, ni en la inmensidad del espacio exterior, nos podrá separar. Nada, absolutamente nada, ninguna cosa creada, nos podrá separar del amor de Dios que es en Cristo Jesús.

Para poder disfrutar de este inefable consuelo, es necesario pertenecer al Señor. Quizá estás leyendo este artículo hoy y estás escuchando su voz que te llama. Ese pecado que vimos al principio, que rompió nuestra relación con Dios, puede ser perdonado y nuestra relación restaurada. Dios envió a su Hijo a sufrir en su carne y espíritu el castigo que nosotros merecíamos por nuestro pecado. Si te arrepientes de tu pecado delante de Dios y crees que Jesús murió en tu lugar, que resucitó y que hoy te ofrece su perdón, salvación y vida eterna; si estás cansado de huir de Él y de esforzarte por tus propios medios para ganarte su favor,

Él te invita a venir a Él, a abandonarte en sus brazos y hallar descanso y consuelo. El Señor Jesús te está llamando hoy. Vuélvete a Él en arrepentimiento y cree en su vida, muerte y resurrección por ti.

PARTE UNO

CAPÍTULO

4

TU ÚNICO CONSUELO

P . ¿Cuál es tu único consuelo tanto en la vida como en la muerte?

R . Que yo, con cuerpo y alma, tanto en la vida como en la muerte, no me pertenezco a mí mismo, sino a mi fiel Salvador Jesucristo, que me libró del poder del diablo, satisfaciendo enteramente con preciosa sangre por todos mis pecados, y me guarda de tal manera que sin la voluntad de mi Padre celestial ni un solo cabello de mi cabeza puede caer; antes es necesario que todas las cosas sirvan para mi salvación. Por eso también me asegura, por su Espíritu Santo, la vida eterna y me hace pronto y aparejado para vivir en adelante según su santa voluntad.

*(Catecismo de Heidelberg,
pregunta y respuesta número 1)*

5

UNA GRAN PÉRDIDA

MUCHO SE HA DICHO estos días sobre el COVID-19 en todo tipo de medios, pero es poco lo que el creyente medita por fuera de la información proporcionada por dichos medios. El creyente tiene verdades, promesas y certezas que son atemporales, que no cambian ni son afectadas por las épocas. Más bien estas están reforzadas por el hecho de que la palabra de Dios, la Biblia, nos advierte de antemano sobre la condición de corrupción en la que se encuentra el mundo de este lado del sol, y es solo la fe la que permite que el hijo de Dios pueda observar como por un periscopio, mucho más allá de las circunstancias que nos rodean y por encima de lo que el mundo nos quiere mostrar, y logra fijar la mirada en Aquel que sostiene todas las cosas con la palabra de su poder (Hebreos 1:3).

Hace apenas unas pocas semanas tuve que enfrentar la muerte de mi madre por causa del COVID-19. Para los expertos, ella fue simplemente una cifra más; para los conocidos y amigos, una gran pérdida; para mi familia, una gran tragedia, y sin duda pude experimentar la realidad de que aun como creyente

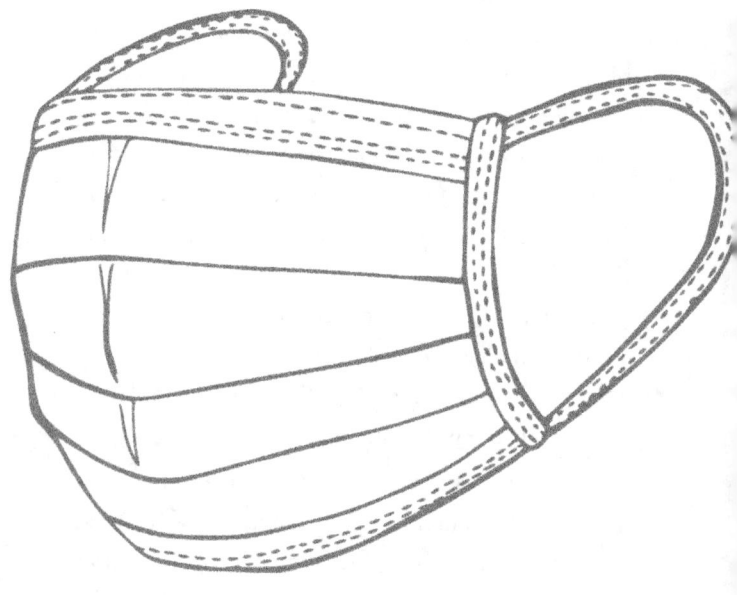

la muerte sigue siendo uno de nuestros grandes enemigos. Fueron días realmente oscuros. Mi padre había perdido a la mujer que estuvo con él por más de 38 años, mis hermanos y yo nada más y nada menos que a nuestra madre.

Este virus llegó y atacó a una de las personas (sino la más) prevenidas y preocupadas desde que todo esto empezó. Siempre tratábamos de consolarla mostrándole la baja tasa de mortandad que había tras el contagio, y ella era una mujer relativamente joven (56 años). Muchas veces, todos nuestros esfuerzos fueron en vano, o solo lograban aquietarla por un corto tiempo. ¡Ah, pero cuánto palidecieron estas ínfimas tasas de mortandad cuando mi madre llegó a formar parte de ellas! Yo no pude estar con ella en su funeral, mucho menos estar de pie junto a mis dos hermanos y mi padre mientras depositaban sus restos mortales en una bóveda; todo esto me tocó vivirlo desde la distancia. Pero ¡cuán gloriosa realidad pude experimentar durante todos estos duros momentos! Mi Señor, mi Salvador, me sostuvo con su mano y me permitió experimentar su cuidado, consuelo y gracia, como tal vez nunca lo había experimentado.

Como creyente, no sabía cómo permanecer en pie. Esta pérdida de verdad me había movido de mi estabilidad. Siempre se dice que una madre nunca está preparada para la pérdida de un hijo, pero nunca me dijeron que como hijo nunca se está preparado para la pérdida de una madre. Fue entonces cuando la fuente de agua viva (las Escrituras) trajo a mi mente tantos pasajes, tantas promesas y tantas implicaciones otorgadas por el privilegio de ser hijo de Dios por la fe en Jesucristo (Juan 1:12).

PARTE DOS

CAPÍTULO

6

LOS DÍAS DE HOSPITALIZACIÓN

DURANTE LOS DÍAS de hospitalización, muchas personas y hasta muchos que profesan el cristianismo estuvieron muy atentos a todos nosotros, lo cual actuó como un medio de gracia por el cual Dios estaba trayendo consuelo y esperanza; pero mi espíritu protestante siempre se vio inquietado por muchas declaraciones y decretos que fueron llegando de distintas partes, en los cuales se me alentaba de repetir o proclamar como especie de conjuro, pero esta vez el abracadabra debía reemplazarlo por la frase mágica «en el nombre de Jesús», y entonces así, de esa manera más mucha fe, mi madre saldría de cuidados intensivos.

Todos estos mensajes me llevaron a examinar qué significa tener fe para un cristiano (para uno nacido de nuevo); y ¿qué mejor lugar para buscar que la palabra de Dios? Entonces recordé que «es, pues, la fe la certeza de lo que se espera, la convicción de lo que no se ve» (Hebreos 11:1). Y fue entonces cuando el Espíritu Santo, en medio de mi dolor, aflicción y angustia, me recordó que mi fe debe estar puesta en aquellas cosas que el Señor ha prometido, y por más que meditaba en la palabra, no encontraba ningún pasaje donde el Señor asegurara que mi mamá no moriría. Entonces pude comenzar a orar y a clamar en vez de decretar para que si Él lo tenía a bien, permitiera la recuperación de mi madre, siendo consciente de que la oración eficaz del justo puede mucho (Santiago 5:16), y de que en la providencia divina, el Señor no hace nada sin poner antes a su pueblo a orar. Así que fueron muchos los hermanos en la fe que doblaron sus rodillas por esta causa.

Finalmente, mi madre murió después de estar luchando por nueve días en la clínica. Estoy seguro de que el personal médico hizo lo mejor humanamente hablando para salvarla, pero los planes de Dios eran otros. ¿Qué pasó entonces con mi fe y las oraciones del pueblo de Dios? Bueno, pues todas y cada una de ellas fueron respondidas. El Señor mostró una vez más que Él es el soberano de la creación, y qué gran alivio es que sea así. Porque aunque ahora mi periscopio no me permite ver el motivo final de por qué Dios decidió llevarse a mi mamá, la Escritura sí me permite saber

que el día que esté en su presencia, miraré hacia atrás y lo adoraré porque esto fue lo mejor que me pudo haber pasado. Hoy puedo decir con toda claridad que una de las cosas que mi Dios demostró a muchos, es que Él no se deja dar órdenes, ni decretos, ni declaraciones autoritarias de nadie, y ¡cuánto gozo trae esto a aquel para quien Dios es siempre grande, siempre soberano, siempre Dios!

Pude comprender que una buena teología es más resistente que el acero en la hora de la prueba. Pude comprender que el Señor da y quita la vida según su buena, agradable y perfecta voluntad (Job 1:21; Romanos 12:2), y esto fortaleció mi fe en medio de esta gran calamidad. Sin embargo, no solo entendí lo que Dios no había prometido, sino que, en un sentido positivo, fue tan palpable cómo su gracia ha abundado durante estos días de luto. El Espíritu Santo me ha llevado a depender más y más de Él; además de esto, ha permitido que por medio de mi aflicción su Evangelio redunde más y más en la vida de aquellos que fueron traídos para escuchar por causa de esta casa de luto (Eclesiastés 7:2). Como creyente, muchas veces fui tentado a derrumbarme y buscar ser consolado aun por aquellos que no tienen su esperanza en Dios; pero mi oración siempre fue y ha sido que yo pueda dar gloria a Cristo en medio de mi aflicción (2 Corintios 4:17), y ¡cuánto se complace el Señor en responder abundantemente este tipo de peticiones! Así que una fe sustentada en la palabra de Dios no desmaya por las pruebas, por el contrario, se fortalece y se purifica (Salmo 56:3, 1 Pedro 1:7) y como lo leí alguna de vez de un hombre de Dios del pasado: «Dios enseña más al cristiano por medio de una aflicción que por medio de mil alegrías».

PARTE DOS

CAPÍTULO

7

SUFRIR CON GOZO

EL CREYENTE DEBE sufrir con gozo las pruebas del presente siglo malo. Las tribulaciones nunca deben ser vistas como algo ajeno a la fe; más bien debemos verlas como medios por los cuales somos formados cada vez más a la imagen de nuestro bendito Dios y salvador Jesucristo (Gálatas 4:19). Es muy importante, cuando la prueba llega, tener una perspectiva correcta de esta realidad de vivir en un mundo caído. Esta perspectiva correcta nos guardará de la queja y de la amargura. Sin duda, yo me he quejado en ocasiones por todo lo que pasó, pero no debería ser así, ya que el Señor no ha prometido un viaje sin turbulencia, pero sí un aterrizaje seguro.

La aflicción del creyente es uno de los medios por los cuales su fe crece y se purifica. El hijo de Dios no debe olvidar que su Salvador fue conocido como el varón de dolores, y el experto en quebranto (Isaías 53), y son muchas las veces, durante su ministerio terrenal, en que el Señor dio a conocer a los suyos que así como él sufrió, los suyos también lo harían, y que la causa de la prueba puede ser variada, pero el autor y soberano del universo tiene cuidado aun en medio de ellas para sus hijos. «No os ha sobrevenido ninguna tentación que no sea humana; pero fiel es Dios, que no os dejará ser tentados más de lo que podéis resistir, sino que dará también juntamente con la tentación la salida, para que podáis soportar» (1 Corintios 10:13). Así que una perspectiva correcta permite que el creyente pueda saber que llegarán pruebas, dificultades y tentaciones, pero que juntamente el Señor nos llevará a través de ellas para que el fin sea fruto y crecimiento de nuestra dependencia y confianza en Él.

La muerte es como alguien lo dijo alguna vez: «la entidad más democrática que existe», el 100% de los que nacen mueren, y sin duda el COVID-19 nos ha permitido recordar esta cita que ninguno ha pedido, pero a la que ninguno faltará. Me he visto a mí mismo meditando mucho más sobre la temporalidad de la vida, sobre la fragilidad del hombre, sobre cómo todo lo que planificamos puede desaparecer de un momento a otro (Salmo 103:15-16). Creo sin duda que esto es saludable para mí, puesto que constantemente nos encontramos rodeados de un mundo que nos quiere distraer, y hacernos pensar que la vida en el aquí y ahora es todo lo que tenemos. Pero no, la muerte es el último de nuestros enemigos, el cual será retirado para siempre del reino de Dios, y el dolor que causa aun en el creyente es una realidad indiscutible. La ausencia, la despedida y el desapego son sentimientos que están a flor de piel cuando uno de los nuestros es llevado por el Señor. La muerte siempre será algo antinatural, y por esto siempre dolerá, puesto que nuestro Dios no nos creó para morir. Pero ¡qué gran consuelo es cuando recordamos que Cristo conquistó y venció la muerte! Recordemos como Pablo dice a los Corintios: «¿Dónde está, oh muerte, tu aguijón? ¿Dónde, oh sepulcro, tu victoria? Ya que el aguijón de la muerte es el pecado, y el poder del pecado, la ley. Mas gracias sean dadas a Dios, que nos da la victoria por medio de nuestro Señor Jesucristo» (1 Corintios 15:55-57).

Mi hermano, ni el COVID-19, ni ninguna causa de muerte podrá jamás opacar la victoria de Cristo sobre la tumba, lo cual nos llena de esperanza y consuelo, pues esperamos para nosotros la resurrección final. Mientras ese día llega, no desmayamos, más bien muchas veces nos vemos en la encrucijada de querer estar con Cristo o permanecer aún aquí en la tierra (Filipenses 1:23-24), y sin duda si estás leyendo este libro, es porque nuestro Dios desea que todavía estés aquí por un poco más de tiempo, y puedas meditar en lo terrible de la muerte para el que está sin Cristo, pero lo glorioso que es para el que ha sido comprado por el precio de su sangre. Así que ve y da a conocer que este no es el año de la vacuna, sino el año del Señor, y que su mano no se ha acortado para salvar y erradicar totalmente las bacterias mortales de nuestro pecado, para que ya sea que muramos o vivamos, todo termine siendo una ganancia y una utilidad para la proclamación del Evangelio y la expansión del reino de Dios en la tierra.

INDICE DE LAS ESCRITURAS

DANIEL J. LOBO es jefe de traducciones y editor general de la Confraternidad Latinoamericana de Iglesias Reformadas (CLIR), donde es también columnista y conferencista. Estudió Enseñanza del Inglés en la Universidad Nacional Estatal a Distancia y Traducción en la Universidad Latinoamericana de Ciencia y Tecnología. Luego obtuvo su Bachillerato de Artes Liberales (BA) en Estudios Teológicos en el Miami International Seminary, donde actualmente persigue una maestría. Es profesor de Teología Sistemática, Teología Práctica, Filosofía y Pensamiento Cristiano en el Seminario Teológico Reformado Farel. Sirve como anciano en la Iglesia Presbiteriana y Reformada Pacto de Gracia. Vive en San José, Costa Rica, con su amada esposa Natalia y su hijo Mateo.

JULIÁN ANDRÉS CASTAÑO PELÁEZ es el líder y profesor de estudios bíblicos para la comunidad hispanohablante en Westminster Chapel en Toronto, Ontario. Ha hablado en varias iglesias de habla hispana, y ha viajado para equipar y edificar a las comunidades eclesiásticas en teología bíblica en Colombia, Costa Rica y Cuba. Su deseo es poder algún día servir al Señor en el ministerio vocacional a tiempo completo. Julián vive en Newmarket, Ontario, con su esposa Nathalia, y sus dos hijas Juana y Salomé

www.ingramcontent.com/pod-product-compliance
Lightning Source LLC
Chambersburg PA
CBHW061323120626
46546CB00007B/2660